BEI GRIN MACHT SICH IHR WISSEN BEZAHLT

AF143610

- Wir veröffentlichen Ihre Hausarbeit,
  Bachelor- und Masterarbeit

- Ihr eigenes eBook und Buch -
  weltweit in allen wichtigen Shops

- Verdienen Sie an jedem Verkauf

Jetzt bei www.GRIN.com hochladen
und kostenlos publizieren

Bibliografische Information der Deutschen Nationalbibliothek:

Die Deutsche Bibliothek verzeichnet diese Publikation in der Deutschen National-
bibliografie; detaillierte bibliografische Daten sind im Internet über http://dnb.d-
nb.de/ abrufbar.

Impressum:

Copyright © 2011 GRIN Verlag, Open Publishing GmbH
Druck und Bindung: Books on Demand GmbH, Norderstedt Germany
ISBN: 978-3-668-06113-2

Dieses Buch bei GRIN:

http://www.grin.com/de/e-book/307848/mobbing-an-schulen-ursachen-beteiligte-
und-praevention

Anonym

Mobbing an Schulen. Ursachen, Beteiligte und Prävention

GRIN Verlag

GRIN - Your knowledge has value

Der GRIN Verlag publiziert seit 1998 wissenschaftliche Arbeiten von Studenten, Hochschullehrern und anderen Akademikern als eBook und gedrucktes Buch. Die Verlagswebsite www.grin.com ist die ideale Plattform zur Veröffentlichung von Hausarbeiten, Abschlussarbeiten, wissenschaftlichen Aufsätzen, Dissertationen und Fachbüchern.

Besuchen Sie uns im Internet:

http://www.grin.com/

http://www.facebook.com/grincom

http://www.twitter.com/grin_com

Seminar Macht und Gewalt in der Erziehung

Hausarbeit
Mobbing an Schulen. Ursachen, Beteiligte und Prävention

Inhalt:

1. Einleitung

Das Thema Mobbing sowie die Gewalt allgemein unter Schülern und Jugendlichen sind in den letzten Jahrzehnten zunehmend in den Fokus der Öffentlichkeit geraten. Die Medien berichten immer wieder von den brutalen Gewalttaten der Jugendlichen an den Schulen. Ganze Lehrerschaften sollen resigniert haben. Von amerikanischen Ausmaßen ist die Rede. Der moralische Zerfall der Jugendlichen wird angeprangert und die Schuldzuweisungen von Politik und Gesellschaft groß propagiert. Ursachen des moralischen Zerfalls wird im leichtfertigen Umgang mit den Medien gesucht. Die gewaltverherrlichenden Medien und Videospiele sollen ebenfalls Ihren Beitrag leisten. Mit jeder Berichterstattung gehen sowohl die Politik als auch die breite Öffentlichkeit auf die Suche nach Ursachen und Präventions- und Interventionsmaßnahmen.

Doch sind unsere Kinder und Jugendlichen gewalttätiger geworden? Sind sie grausamer geworden? Sind die Gewalttaten so enorm angestiegen?

In der vorliegenden Arbeit soll die Gewalt an Schulen, insbesondere Mobbing (Cyber-Mobbing) erläutert, Ursachen und Präventionmaßnahmen erörtert werden.

2. Definition/Begrifflichkeit

a. Mobbing

Für den Begriff „Mobbing" gibt es keine eindeutige deutsche Übersetzung, was auch an der häufigen Verwendung des Wortes in der Fachliteratur ersichtlich wird.

„Mobbing" bzw. „Mobbning" ist ein Begriff, der in Skandinavien entstanden ist.[1] Er lässt sich von dem englischen Substantiv „mob" ableiten, welches übersetzt „ Masse, Bande, Horde, Meute" bedeutet bzw. von dem Verb „to mob" (= anpöbeln, fertigmachen).[2]

Trotz des semantischen Ursprungs, findet das Wort „Mobbing" im englischsprachigen Raum nur selten Verwendung. Insbesondere in Großbritannien und Irland wird der „Begriff „Bullying" (engl. tyrannisieren) als Synonym benutzt. 1958 führte der deutsche Verhaltensforscher Konrad Loren das Wort Mobbing und die damit verbundene Definition in Deutschland ein. Er beschrieb damals das Angriffsverhalten einer

---

[1] Kronenberger 2007, S.15
[2] Pocket Oxford-Duden German Dictionary © 2008 Oxford University Press:
  http://www.wordreference.com/ende/mob

Tiergruppe gegenüber einem einzelnen schwachen Tier. Doch erst durch die Arbeit von Heinz Leymann Ende der 70-er Jahre wurde die Thematik bekannt in Deutschland[3]. Seine Definition des Begriffs Mobbing konnte sich weitgehend durchsetzen.

In der Wissenschaft wird „Mobbing" somit als systematische und wiederholte Gewalthandlung psychischer oder physischer Art verstanden, die das Ziel verfolgt, das Opfer sozial auszugrenzen und zu isolieren.

Dabei kann Mobbinghandlungen ebenso aktiv als auch passiv geschehen.

Aktive und körperliche Mobbinghandlungen sind z.b. körperliche Gewalt in unterschiedlichem Ausmaß, Diebstahl oder Beschädigung von Gegenständen oder im Unterricht erarbeiteten Materialen des Opfers, sexuelle Belästigung usw.

Passive und psychische Mobbinghandlung spielen sich im sozialen Gefüge der Schülerinnen und Schülern (im Folgenden SchülerInnen genannt) ab. Ausgrenzung von SchülerInnen aus der Schul- bzw. Klassengemeinschaft, Rufschädigung, Verpetzen, Zurückhaltung wichtiger Informationen usw. sind solche.

Mobbing findet in Zwangsgemeinschaften statt, wie die Schule, der Arbeitswelt o.ä. Überall dort, wo Betroffene sich der Gemeinschaft nicht ohne weiteres entziehen können, kann Mobbing auftreten[4]. Die Schule bietet einen festen Rahmen, dem sich das Opfer nicht entziehen kann, was die Wiederholung der Übergriffe erleichtert.

Um bestimmte Handlungen als Mobbinghandlungen einstufen zu können, müssen nach Gugl[5] folgende Merkmale gegeben sein:

(1) Dauer und Intensität
Mobbinghandlungen vollziehen sich über einen längeren Zeitraum (mindestens sechs Monate) hinweg. In diesen Phasen finden die negativen Handlungen wiederholt (mindestens zwei bis drei Episoden im Monat) statt. Der Zeitfaktor spielt eine große Rolle, denn Mobbing ist ein Prozess[6].

---

[3] Leymann 1993, S. 21
[4] Gugl 2010, S.577
[5] eben da
[6] Leymann 1993, S. 21

(2) Beziehungsgefüge

Die Beteiligten in einer Mobbinghandlung stehen in einer Beziehung zu einander und kennen sich. Der Täter führt diese Handlung mit Schädigungsabsicht durch[7]. Obwohl bestimmte Typen erkennbar öfter die eine oder andere Rolle im Gewaltgeschehen in der Schule annehmen, so ist oftmals die Täter- /Opferrolle nicht von einander zu trennen und vielmals auch ineinander übergehend[8]. Je länger ein Rollenverhalten andauert, umso höher ist das Risiko der Rollenidentifizierung und somit die Viktimisierung bis in das Erwachsenenalter. In der Regel sind mehr Personen in einer Mobbinghandlung involviert als der Täter und der Opfer. Mitwisser und Wegseher sind oftmals ebenso wie Erwachsene, die die Geschehensnisse als belanglos abtun involviert. Mobbing ist somit kein individuelles sondern ein soziales Phänomen und Problem[9].

(3) Machtverhältnis

Max Weber definiert Macht als Chance, seinen Willen durchzusetzen, gleichwohl worauf diese Chance beruht. Machtchancen lassen sich also nicht im Vorfeld strukturieren, sonder sind nur durch Formen des Zwangs markieren und bleiben[10]. Das Ungleichgewicht der körperlichen und psychischen Kräfte ist ausschlaggebend für die Mobbinghandlung. Das Opfer sieht sich nicht mehr in der Lage sich zu wehren[11].

Experten gehen davon aus, dass 5-11 % der SchülerInnen in Deutschland Opfer von Mobbinghandlungen werden. 5-9% erscheinen als Täter und eine geringe Zahl (2,3%) an SchülerInnen tritt sowohl als Täter als auch als Opfer auf[12]. Das Machtverhältnis ist dadurch begründet, dass die Beteiligten unterschiedliche Einflussmöglichkeiten auf die Situation haben. Dazu ist kein Rangunterschied nötig, das kann durch die bloße Anzahl bedingt sein: viele gegen einen.

b. Cyber-Mobbing

Mit dem Fortschritt der neuen Medien und der Technik erschein auch eine neue Form des Mobbing. Dieses Phänomen nennt sich Cyber-Mobbing oder auch Internet-Mobbing. Hier werden neue Techniken wie z.B. Email, Chats, Instant Messenger, Hadys oder auch Soziale-Netzwerke dazu benutzt, andere mit voller Absicht zu beleidigen, verletzen oder

---

[7] Olweus 2006, S. 60 f.
[8] Weißmann 2007, S. 40
[9] Gebauer 2007, S. 29
[10] Weber 1972, S. 28f.
[11] Olweus 2006, S. 60 f.
[12] Scheithauer u.a. 2003, S. 40

zu bedrohen, Gerüchte über Sie ins Netz stellen und ihnen damit Angst zu machen[13]. Wie auch beim Mobbing spricht man von Cyber-Mobbing, wenn diese Handlung bewusst einer Person gilt und über einen Zeitraum mehrfach erfolgt.

Untersuchungen über den Zusammenhang zwischen der Mobbinghandlung in der realen Welt und in der Cyber-Welt sind aufschlussreich. Diese zeigen, dass 84% der Täter und 78% der Opfer auch in ihrer Bezugsgruppe der realen Welt diese Rolle eingenommen haben[14]. Der Anteil der Täter/Opfer ist Untersuchungen zur Folge jedoch in der Cyber-Welt entschieden höher, nämlich bei 32%. Dies liegt offenbar in der Anonymität des Internets. Hinter dem heimischen PC ist der Mut grösser und der Druck der Bezugsgruppe niedriger[15].

Das Unrechtbewusstsein ist in der Cyber-Welt weniger vorhanden als in der realen Welt, da die Beteiligten sich nicht gegenüber stehen. Dies bedeutet, dass der Täter u.U. die Auswirkungen seines Handels nicht einsehen kann, was oftmals zu einer enormen Härte der Handlung führt. Der Unterschied liegt weiterhin darin, dass hier die körperliche Überlegenheit oder die Stellung in der Bezugsgruppe keine Rolle spielen. Für die Opfer von Cyber-Mobbing bedeutet das, dass der geschützte Raum ihres Zuhauses wegfällt und die Angriffe, die in der Schule angefangen haben sie bis in ihr Zuhause verfolgen, was zu einer enormen psychischen Belastung führen kann[16].

Dabei sind die auftretenden Formen der Mobbinghandlung im Netz unterschiedlicher Art. Sogenannte Cyberthreats (Ankündigungen von Gewalt) sind ebenso wie Beleidigungen und Beschimpfungen keine Seltenheit[17]. Ein anderes Problem ist die sexuelle Belästigung im Netz. Anzüglichkeiten und Obszönitäten sind ebenso wie Identitätsklau sowie Missbrauch von persönlichen Fotos sind ein großes Problem der Cyber-Welt[18].

3. Persönlichkeitszüge der Beteiligten

Grundsätzlich kann jeder sowohl Opfer als auch Täter einer Mobbinghandlung werden. Doch bisherige Untersuchungen zeigen, dass bestimmte Persönlichkeitsmerkmale das Risiko der Beteiligung an einer Mobbinghandlung erhöhen. Oft sind die gleichen

---

[13] Fawzi 2009, S. 32
[14] Riebel 2008, 66 ff.
[15] Karl E. Dambach 2011, S. 15 f.
[16] Riebel/Jäger 2009, S. 38 f
[17] Grimm/Clausen- Muradian 2009, S. 33
[18] Staude-Müller u.a. 2009, S. 43

Faktoren ursächlich für ein Kind zu mobben oder gemobbt zu werden oder gar sowohl als Täter als auch als Opfer zu fungieren[19].

a. Täterprofil

Täter zeichnen sich häufig durch ein aggressives Verhalten aus. Ein typischer Mobber übt gerne Macht aus und hat ein starkes Selbstwertgefühl. Das Bedürfnis nach Kontrolle und Unterwerfung ist groß[20]. Er wirkt körperlich stärker und ist bei Mitschülern beliebter als das Opfer[21]. Mobbingtäter streben immer nach Dominanz und Überlegenheit und haben eine bejahende Einstellung in Bezug auf Gewalt, was das Mitleidempfinden mit dem Opfer sinken lässt[22].

Auf Grund der verschiedenen Intentionen, weshalb ein Kind zum „Mobber" wird, kann ebenso zwischen verschiedenen Arten von Mobbing-Täter unterschieden werden[23].

(1) Der aggressive Täter

Der aggressive Täter ist selbstsicher, nach außen hin hart und unsensibel für die Gefühle anderer. Sie stehen gerne im Mittelpunkt und könne sich nicht unterordnen. Diese Tätergruppe fällt auch häufig durch anderes unsoziales Verhalten, wie z.B. Diebstahl oder Vandalismus auf. Dennoch sind diese Personen sehr einflussreich in ihrer Bezugsgruppe[24]. Damit jedoch diese Verhaltensweise ihre Festigung findet und die Wiederholung stattfinden kann, sind weitere Anreize und positive Reaktionen von Bedeutung[25]. Bewunderung, Zustimmung oder Respekt von Gleichaltrigem sind solche verstärkenden Anreize. Entgegen der häufig ausgesprochenen Mythen, dass „in einer Raue Schale ein weicher Kern" steckt äußert sich Olweus. Seine Untersuchungen haben ergeben, dass genau das Gegenteil der Fall ist. Die Täter waren ungewöhnlich ängstlich und unsicher[26].

(2) Der passive Täter (Mitmacher)

Wichtig ist zu erwähnen, dass es auch Tätergruppe gibt, die zwar an Mobbinghandlungen mitmachen, jedoch nicht die Initiatoren sind. Sie sind zwar nicht unmittelbar am Mobbinggeschehen beteiligt, doch ein wesentlicher Bestandteil dessen. Hierzu gehören,

---

[19] Lawson 1996, S. 44
[20] Gugel 2010, S. 581
[21] Wöbken-Ekert 1998, S. 60f.
[22] Korte 1993, S. 29/30
[23] Dutschmann 2004, http://www.drdutschmann.de/Mobbing.html
[24] Lawson 1996, S. 45
[25] Olweus 2002, S. 53 ff.
[26] Olweus 2002, S. 44

Sympathisanten, Zuschauer, Unterstützer sowie auch Nebenangreifer[27]. Hier finden sich ebenso aggressive als auch ängstliche Persönlichkeiten.

(3) Der ängstliche Täter

Die Gruppierung ist vorgesehen für solche die sowohl als Opfer als auch als Täter in Mobbinghandlungen involviert sind. Diese sind von den Beteiligten, die ausschließlich Opfer oder Täter sind, zu unterscheiden, da sie oftmals einer erhöhten psychosozialen Belastung ausgesetzt sind[28]. Aus Angst ausgegrenzt zu werden oder die Erfahrung, dass Täterverhalten nicht bestraft werden, eigenen sich diese Opfer das Verhalten des Täters an. Des Weiteren können Mobbinghandlungen auch unzulänglich verarbeiteten Opfererfahrungen sein, die sich in Vergeltungsakte widerspiegeln.

b. Opferprofil

Ebenso wie jeder Täter einer Mobbinghandlung sein kann, kann auch jeder Opfer werden. Jedoch scheint es so, als würden bestimmte Personen aufgrund ihrer Persönlichkeit und der Art und Weise ihres Auftretens häufiger Gefahr laufen, Opfer solcher Handlungen zu werden. Typische Opfer sind körperlich und verbal schwächer als ihre Peiniger und vermitteln den Eindruck der Unterlegenheit. Sie sind ängstlich und zurückhaltend[29]. Auch hier kann zwischen verschiedenen Arten von Opferprofilen unterschieden werden.

(1) Der passive Opfer

Diese Kategorie wehrt sich nicht und ist ein „leichtes Opfer" für Quälereien der Täter[30]. Das Selbstbild ist negativ geprägt, was sich auch in der durchschnittlich bis schlechte Schulleistung widerspiegelt[31]. Einige Untersuchungen haben ergeben, dass diese Kinder eine unsicher-ambivalente Bildung zu ihrer Bezugsperson haben. In der Klassengemeinschaft werden sie eher abgelehnt[32].

(2) Der provozierende Opfer

Der provozierende Opfer hat eine Verhaltensweise, die eine Mischung von ängstlichen und aggressiven Reaktionsmuster aufweist gepaart mit Hyperaktivität und Aufmerksamkeitsstörungen. Ist oft gleichermassen bei Lehrern als auch bei Mitschülern

---

[27] Neuberger 1999. S. 200
[28] Scheithauer u.a. 2003, S. 26 f.
[29] Wöbken-Ekert 1998, S. 56 f.
[30] Lawson 1996, S. 52
[31] Olweus 2006, S. 42
[32] Schuster 2007, S. 90 ff.

unbeliebt. Provokationen und Impulsivität der Person führen in seinem sozialen Umfeld zur Spannungen und Unmut. Durch das unsoziale Verhalten kann es zu Auseinandersetzungen kommen, in denen die gesamte Bezugsgruppe (im Falle einer Schulklasse die gesamte Klasse) am Mobben beteiligt ist[33]. Auf Necken und Quälereien reagiert das provozierende Opfer mit heftiger Gegenwehr, was zur Eskalation der Situation führen kann.[34]

4. Ursachen von Mobbing

Um eine Gegensteuerung bzw. eine Prävention effektiv zu finden, müssen die Ursachen für das gewaltvolle Verhalten von Kindern erfasst werden. Mobbing entsteht und geschieht dort, wo es entstehen und geschehen darf. Unterschiedliche Auslöser können die meist ungelösten Konflikte hervorrufen und somit Mobbing entstehen lassen. Gestörte Kommunikation sowie eine schlechte Führung lassen Mobbinghandlungen eskalieren. Während einige Bedingungen tendenziell Gewaltprobleme schaffen und vergrößern, wirken andere steuernd und schwächend. Gewalt- und aggressionsfördernde Faktoren liegen in gesellschaftlichen und familiären Bedingungen der Kinder[35].

a. Familiäre Bedingungen

Die Familie an sich verliert zunehmend an Bedeutung in unserer Gesellschaft. Familien sind heutzutage selten vollständig. Es fehlt an Zuwendung, Aufsicht und Identifikationsmöglichkeiten. Aggressive Vorbilder in der Familie, die Gewalt zwischen den Eltern sowie das Fehlen von Wärme und Liebe führen ebenso wie mangelnde Anteilnahme am Leben des Kindes zur aggressiven Verhalten[36]. Die Gründe für ein solches Verhalten sieht der schwedische Psychologe Olweus in zu wenig mütterliche Zuneigung in den ersten Lebensjahren, zu wenig Grenzsetzung bei aggressivem Verhalten und autoritäre Erziehungsmethoden[37]. Eine machtbetonte Erziehung, oftmals gekoppelt mit körperlicher Gewalt, erhöht die Gewaltbereitschaft der Kinder um ein vielfaches. Häufig geben die Kinder die Unterdrückung an ihre Opfer weiter. Es besteht eine Korrelation zwischen Gewalterfahrung und Gewaltanwendung[38].

---

[33] eben da.
[34] Lawson 1996, S. 52
[35] Olweus 2006, S. 53 f.
[36] Schneider 1987, S. 39
[37] Olweus 2004a, 289 f.
[38] Schwind u.a. 1990. S. 241

b. Schulische Gewalt

In der Forschung und die Literatur gibt es bezüglich der Rolle der Schule im Kontext zur Gewalt sehr viele Kontroversen. Während die Einen die Schule als Spiegel der gesellschaftlichen Struktur- und Chancenbedingungen sehen, gibt es auch Meinungen, die die Schule selbst als eine gewalterzeugende Institution sehen. Diese argumentieren vor allem mit dem hohen Leistungsdruck und die demoralisierende Kategorisierung von Noten, die sich auf die spätere soziale und berufliche Chancen des Kindes auswirken[39]. Weiterhin bemängeln Gugel und Jäger z.b. die Vernachlässigung der sozialen und emotionalen Aspekte[40]. Die starre und unflexible Unterrichtsgestaltung wandelt die Schule oftmals zur Lernfabriken, in der nur wenig bis kein positiver Erlebnis- und Lebensraum möglich ist. Diese erlebte Schulgewalt führt oft zur Flucht realer oder phantasierter Art[41]. Untersuchungen ergaben, dass das von oben gesteuertem Schulalltag sowie ein hohes Maß an Langeweile und Lärm im Unterricht Risikofaktoren für gewaltbereite SchülerInnen sind. Je größer das Desinteresse am Lernstoff und je geringer die wahrgenommenen Mitgestaltungsrechte sind, desto verbreiteter sind Gewaltbilligung, -bereitschaft und –tätigkeit[42]. In Weitere Untersuchungen wurde der Zusammenhang von familiären und schulischen Faktoren erforscht. Die hohen elterlichen Erwartungen der schulischen Karriere des Kindes, die von diesem nicht erfüllt werden können, bürgen ein hohes Risikofaktor für das aggressive und gewaltbereite Verhalten eines Kindes[43].

c. Gruppenphänomen

Mobbing ist auch ein Gruppenphänomen, an dem der Großteil der Klasse – wenn auch nur passiv – beteiligt ist. Viele Erhebungen haben gezeigt, dass Kinder sich aggressiver und gewalttätiger Verhalten, wenn sie einen anderen bei gewalttätigem Verhalten beobachten. Mobbing ist somit Gewalt im Gruppenkontext, in dem Schüler ihr Verhalten gegenseitig verstärken[44]. Dieser Wirkungszusammenhang wird auch „soziale Ansteckung" genannt. Dazu kommt, dass die SchülerInnen sich weniger verantwortlich fühlen. Es ist allgemein Bekannt, dass die individuelle Verantwortlichkeit sinkt, wenn mehrere Personen an eine negative Handlung beteiligt sind.

---

[39] Weißmann 2007, S. 59 f.
[40] Gugel u.a. 1995, S. 247.
[41] Meyenberg u.a. 1995, S. 75
[42] Weißmann 2007, S. 60.
[43] Engel/Hurrelmann 1993
[44] Olweus 2006, S. 51 f.

d. Medien

Gerade in der Öffentlichkeit und die öffentliche Diskussion werden die Medien selbst als Faktoren abweichenden Verhaltens genannt und an den Pranger gestellt. Die Rolle der Medien ist vor allem in der Öffentlichkeit sehr umstritten. Jugendliche und Kinder mit einem hohen Maß an Gewalt im Fernsehen, Videospiel usw. sind oft aggressiver und gewaltbereiter und haben weniger Mitleid mit ihren Opfern. So scheint es laut der breiten Öffentlichkeit. Doch führende Forscher weisen hier auf die Wechselwirkung von Sozialisation und Konsumverhalten[45]. Hier beeinflusst die eine Komponente die andere. Ein Kind, was durch die Erziehung ein prosoziales Verhaltensmuster angeeignet hat, wird die gesehene Gewalt in den Medien anders interpretieren und mit hoher Wahrscheinlichkeit nicht nachahmen, wobei ein Kind ohne eine solche Sozialisation eher dazu animiert werden würde. Hier schaltet sich die Verarbeitung des Gesehenen zwischen der Gewaltausübung und der Medieninhalte[46].

Filme und Videospiele mit gewalttätigen Inhalten wie oben aufgeführt können nicht eindeutig als Indikatoren für gewalttätiges Verhalten ausfindig gemacht werden, doch eindeutig ist ihr Einfluss auf die Wahrnehmung der Opfer. Diese führen zur Desensibilisierung und Hemmungabbau gegenüber Gewalttaten[47] und das Mitleidempfinden gegenüber potentiellen Opfern sinkt. Doch der mediale Konsum scheint immer mehr Raum im Alltag von Jugendlichen und Kinder einzunehmen, was diese an der Teilnahme an einer realen Welt hindert. Dies führt dazu, dass Jugendliche und Kinder die Fähigkeit das Leben selbst zu spüren, verlernen. Sie wissen bereits bevor sie erfahren können[48].

5. Prävention

Besonders bei Mobbing ist es wichtig, schnell und effektiv etwas zu unternehmen, da auf Grund der Dauer und der Wiederholung des Mobbings erhebliche gesundheitliche Folgen hervorgerufen werden können. Hier ist wichtig festzuhalten, dass nicht nur die Opfer an Folgen von Mobbing leiden, sondern auch Täter und sogar nicht beteiligte Schüler und in einige Fällen auch einen tödlichen Ausgang haben. Das Klassenklima kann unter Mobbing leiden. Der Lerngegenstand wird zur Nebensache, was für die schulische Entwicklung der gesamten Klasse negative Folgen hat.

---

[45] Nolting 2002, S. 104
[46] Fuchs u.a. 2001, S. 324
[47] Wildt/Emrich 2007, S. 535
[48] Textor 1990, S. 17

Um gegen Mobbing erfolgreich und effektiv vorgehen zu können, spielt der Zeitfaktor eine sehr entscheidende Rolle. Je früher Mobbing erkannt wird, umso leichter können Gegenmaßnahmen ergriffen werden. So vielfältig die Ursachen, Symptome und Folgen von Mobbing, so vielfältig sind auch die Lösungsansätze und Handlungsmöglichkeiten.

a. Maßnahmen auf der persönlichen Ebene

Am Anfang allen Mobbinghandlungen steht das Individuum. Deshalb muss hier das Individuum als solches im Mittelpunkt der Maßnahmen stehen. Diese Präventionsarbeit kann nur erfolgreich sein, wenn das Vertrauen gegenüber dem Lehrer vorhanden ist. Besonders wichtig ist es, Diskretion zu bewahren und die Ängste und Sorgen der Betroffenen ernst nehmen[49]. Die Sensibilisierung der Betroffenen, angemessene Sanktionen, individuelle Hilfestellungen für Täter und Opfer, die Sensibilisierung für die Verarbeitung von Problemen soll die persönliche Problemlösungskompetenzen der Betroffenen in einer Mobbinghandlung verschärfen[50]. Das Geschehene ist oftmals schwer zu rekonstruieren und nachzuvollziehen, deshalb sehr wichtig für die Opfer: Das Opfer entscheidet ob es verletzt wurde oder nicht. Es ist wichtig unverzüglich das Gespräch mit allen Betroffenen zunächst in Einzelgesprächen dann aber auch in Gruppengesprächen zu suchen, um die Situation zu klären und gleichzeitig ein Signal zusetzen, dass das Geschehene nicht übersehen wurde und auch nicht geduldet wird[51].

b. Maßnahmen auf der Klassenebene

Die Arbeit auf der Klassenebene ist im wesentlichen mit der Arbeit auf der persönlichen Ebene identisch. Die Kommunikation ist wichtig. Hier sollen Klasseninterne verbindliche Regeln und auch Sanktionen gegen das Mobbing gemeinsam mit den SchülerInnen aufgestellt werden. Ebenfalls gemeinsam das Problem des Mobbing erörtern und ausarbeiten. Regelmäßige Klassenstunden, indem vorhandene Probleme aufgegriffen werden und gemeinsam verbal gelöst werden. Das gemeinsame einüben von Deeskalationsstrategien und themenbezogene Literatur diesbezüglich ist unerlässlich, um die SchülerInnen auf die Problematik zu sensibilisieren. Ziel soll sein das Mitgefühl der SchülerInnen für die Gewaltopfer zu wecken. Auf dieser Ebene können auch die Eltern mit einbezogen werden, indem Elterninfoabende veranstaltet werden[52]. Gruppenarbeit helfen ebenso die Gemeinschaft zu stärken und die Risiken des Mobbing zu vermindern.

---

[49] Jannan 2008, S. 70 f.
[50] Scheithauer u.a. 2003, S. 128
[51] Olweus 2006, S. 97 f.
[52] Olweus 2006, S. 84

Hier muss der Lehrer die Aufgabe so gestaltet, dass eine positive Abhängigkeit der Gruppenmitglieder von einander entsteht. Untersuchungen haben ergeben, dass SchülerInnen, die kooperativ in Gruppen arbeiten, einander besser akzeptieren, hilfsbereiter und weniger Vorurteile habe[53]. Dies alles führt zu einer besseren Klassenklimas. So wird ein positives Lernumfeld geschaffen.

c. Maßnahmen auf der Schulebene

Auch wie auf der individuellen Ebene sowie der Klassenebene ist es wichtig die Schüler in Maßnahmen und Entscheidungen mit einzubeziehen. Wie bereits oben erwähnt folgt die Aggression und Frustration der SchülerInnen oftmals aus der Institution Schule selbst. Mitspracherecht und gemeinsames Erarbeiten von Regeln, Werte und Normen, die von allen akzeptiert und getragen werden, helfen in der Deeskalationsarbeit[54].

Ebenfalls Maßnahmen auf der Schulebene sind die Aus-, Weiter- und Fortbildung von Lehrpersonal zum betreffenden Thema. Die Schulleitung sowie das Lehrpersonal ein klares Zeichen setzen, dass Mobbinghandlungen nicht übersehen und auch nicht geduldet werden.

6. Fazit

Mobbing rückt in der Öffentlichkeit und in Schulen immer mehr ins Bewusstsein und wird langsam Teil der öffentlichen Diskussion. Als angehende Lehrerin der Sekundarstufe I war es für mich äussert wichtig zu zeigen, welche Arten von Mobbing vorhanden sind. Welche verschiedenen Typen betroffen sind und wie man dagegen angehen kann. Wobei die Präventionsarbeit ein breit gefächertes Spektrum besitzt und immer auf den Einzelfall zugeschnitten sein sollte.

Die Auseinandersetzung mit dem Thema Mobbing sowie dessen Intervention- und Präventionsmaßnahmen hat mir gezeigt, dass Mobbing unterbunden werden kann, besonders wenn das Lehrpersonal motiviert und engagiert an das Thema herangeht.

Damit die gewünschten Ergebnisse eintreten können, müssen Präventionsmaßnahmen kontinuierlich, mit viel Motivation und Engagement durchgesetzt werden, denn genauso wie Mobbing ein Prozess ist, ist es ebenso ein Prozess das Bewusstsein dafür zu schärfen.

---

[53] Olweus 2006, S. 91
[54] Scheithauer u.a. 2003, S. 134

7. Literaturliste

Dambach, K.-E.
Zivilcourage lernen in der Schule.
2005 Verlag Reinhardt

Engel, U./
Hurrelmann, K.
Was Jugendliche wagen: eine Längsschnittstudie über Drogenkonsum, Stressreaktionen und Delinquenz im Jugendalter
3. Auflagen 1993, Verlag: Juventa

et Wildt, T. / Emrich, H.M
Die Verzweifelung hinter der Wut. In: Deutsche Ärzteblatt, J. 104, H. 10,9.3.**2007**, S. 533 - 535

Fawzi, N.
Cyber-Mobbing: Ursachen und Auswirkungen von Mobbing im Internet.
Baden-Baden : Nomos, 2009

Fuchs, M./
Lamnek, S./
Luedtke, J.:
Tatort Schule, Gewalt an Schulen 1994 – 1996
2001 Leske + Budrich

Gebauer, K.
Mobbing in der Schule
1. Auflage 2007
Patmos Verlag Gmbh & Co. KG,Walter Verlag.

Grimm, P./
Clausen-Muradian, E.
Cyber- Mobbing – psychische Gewalt via Internet: „ Ja Beleidigungen, Drohungen. So was halt.“
In: Kinder und Jugendschutz, H.1/ 2009

Gugel, G.
Handbuch Gewaltprävention II, Für die Sekundarstufen und die Arbeit mit Jugendlichen
Grundlagen – Lehrfelder – Handlungsmöglichkeiten
2010 Institut für Friedenspädagogik Tübingen e.V.

Jannan, M.
Das Anti-Mobbing-Buch, Gewalt an der Schule – vorbeugen, erkennen, handeln,
2008 Beltz Verlag

Korte, J.
Faustrecht auf dem Schulhof, Über den Umgang mit aggressivem Verhalten in der Schule,
3. Auflage 1993, Beltz Verlag

Kronenberger, H.
Gewalt und deviantes Verhalten an Schulen, dargestellt an Hand von Mobbing und Ijime, Ein Ländervergleich Deutschland – Japan
1. Auflage 2007 GRIN Verlag

Lawson, S.
Treibjagd auf dem Schulhof: Wenn Kinder Kinder quälen (Helping children cope with bullying, dt.), übers. von Angelika Bardeleben, Oesch 1996

Leymann, H.	Mobbing: Psychoterror am Arbeitsplatz und wie man sich dagegen wehren kann. Org. Auflage 1993 Rowohlt-Taschenbuch-Verlag
Leymann, H.	Mobbing: Psychoterror am Arbeitsplatz und wie man sich dagegen wehren kann. Org. Auflage 1993 Rowohlt-Taschenbuch-Verlag
Meyenberg, R. / **Scholz, W.-D.**	Schule und Gewalt, Erscheinungsformen, Ursachen, Lösungen 1995 Verlang: Hahnsche Buchhandlung
Neuberger, ,O.	Mobbing, Übel mitspielen in Organisationen 3. erweiterte Auflage 1999, Rainer Hampp Verlag
Nolting, H.-P.	Lernfall Aggression, Wie sie entsteht – wie sie zu vermindern ist. 4. Aufalge 2002, Rowohlt Taschenbuch Verlagn GmbH
Olweus, D.	Gewalt in der Schule, Was Lehrer und Eltern wissen sollten – und tun können. 4. durchgesehene Auflage 2006 Verlag Hans Huber Hogrefe AG
Riebel, J.	Spotten, Schimpfen, Schlagen: Gewalt unter Schülern - bullying und cyberbullying. 2008 Empirische Pädagogik e.V.
Riebel, J. / **Jäger, R.-S.**	Cyberbullying als neues Gewaltphänomen. Definition, Erscheinungsformen, Tätereigenschaften und Implikationen für die Praxis. In: Kinder und Jugendschutz, H. 1/ 2009, S. 38- 41
Scheithauer, H./ **Hayer, T. /** **Petermann, F.**	Bullying unter Schülern Erscheinungsformen, Risikobedingungen und Interventionskonzepte Band 8 2003, Hogrefe-Verlag mbH & Co. KG
Schneider, U.	Körperliche Gewaltanwendung in der Familie, notwendigkeit, Probleme und Möglichkeiten eines strafrechtlichen und strafverfahrensrechtlichen Schutzes, 1987 Duncker & Humblot GmbH
Schuster, B.	Bullying/Mobbing in der Schule, In: Jonas Kai J./Margarete Boos/Veronika Brandstätter Zivilcourage trainieren! Theorie und Praxis 2007, Hogrefe-Verlag mbH & Co. KG

13

Schwind, H.-D./ **Baumann, J.u.a. (Hrsg.)**	Ursachen, Prävention und Kontrolle von Gewalt. Analysen und Vorschläge der Unabhängigen Regierungskommission zur Verhinderung und Bekämpfung von Gewalt (Gewaltkommission), Band I bis IV., Berlin , 1990
Staude-Müller, F./ **Bliesener, T./** **Nowak, N.**	Cyberbullying und Opfererfahrungen von Kindern und Jugendlichen im Web 2.0. In: Kinder und Jugendschutz, H.1/2009
Textor, M.R.	Kindheit in der Familie. In: Aus Politik und Zeitgeschichte B–40–41/**1990**, S. 14 – 20
Weber, M.	Wirtschaft und Gesellschaft. Grundriss der Verstehenden Soziologie. 5. revidierte Auflae 1972, besorgt von Johannes Winceklmann
Weißmann, I.	Formen und Ausmaß von Gewalt in den Schulen, Modelle der Gewaltprävention 2. unveränderte Auflage 2007 Tectum Verlag Marburg
Wöbken-Ekert, G.	„Vor der Pause habe ich richtig Angst": Gewalt und Mobbing unter Jugentlichen, was man dagegen tun kann. 1998 Campus-Verlag
Wölfl, E.	Gewaltbereite Jungen – was kann Erziehung leisten? 2001 Ernst Reinhardt GmbH & Co KG Verlag

8. Internetquellen:

http://www.drdutschmann.de/Mobbing.html

http://www.wordreference.com/ende/mob